SCHULDEN ABBAUEN

IN 12 EINFACHEN SCHRITTEN ENDLICH SCHULDENFREI

Inhaltsverzeichnis:

VORWORT 1

SCHRITT 1 – ZEITLICH ORGANISIEREN 3

SCHRITT 2 – HOME-OFFICE EINRICHTEN 5

SCHRITT 3 – KOSTEN ERMITTELN 8

SCHRITT 4 – HAUSHALTSBUDGET 10

SCHRITT 5 – VERSICHERUNGEN ANALYSIEREN 12

SCHRITT 6 – KREDITE ANSEHEN 15

SCHRITT 7 – FINANZKALENDER 17

SCHRITT 8 – RÜCKLAGEN 19

SCHRITT 9 – NOTFALLGROSCHEN 22

SCHRITT 10 – SCHULDEN ZURÜCKZAHLEN 25

SCHRITT 11 – SPARRATE / SCHULDENABBAU 27

SCHRITT 12 – ZUSATZVERDIENST 30

MEINE PERSÖNLICHE ANLAGESTRATEGIE 31

HAFTUNGSAUSSCHLUSS 34

IMPRESSUM 36

Vorwort

Es gibt viele Gründe, warum man keine Schulden mehr haben möchte. Allem voran steht die emotionale Befangenheit. Was für ein tolles Leben ist es wohl, wenn Schulden keine Rolle spielen? Viele schlafen nachts nicht wirklich gut, weil sie ihre Verbindlichkeiten immer in den Vordergrund stellen und keine anderen Gedanken haben. Dieses gedankliche Gefängnis ist für sehr viele der Startschuss alleine nur für das weitergehende Interesse bezüglich effektivem Schuldenabbau.

Schuldenabbau und Vermögensaufbau sind für mich sehr ähnliche Dinge. Grundsätzlich wird hier Geld investiert. Zum einen in die emotionale Freiheit und zum anderen in die finanzielle Freiheit.

Natürlich kommt diese Freiheit nicht über Nacht, sondern vielmehr im Laufe der Zeit. Durch cleveres Geldmanagement kommst du dem Ziel aber immer näher. Und glaube mir, dass Vermögensbildung und Schuldenabbau in gewisser Weise süchtig machen können. Damit meine ich aber keinesfalls, dass du geizig wirst oder es werden sollst.

Du wirst dich einfach intensiv mit deinen Finanzen beschäftigen und dich dadurch auch immer wieder besser selbst kennenlernen. Das ist ein positiver Nebeneffekt, wenn man sich um seine Finanzen selber kümmert.

Ich habe diesen Ratgeber geschrieben um zu zeigen, dass du im Prinzip relativ entspannt sein kannst beim Geldmanagement. Du brauchst etwas Struktur, aber auch das hält sich in Grenzen. In den folgenden Kapiteln findest du einzelne Schritte, die du nur abarbeiten musst um den Weg zu deiner Freiheit in Angriff zu nehmen.

Den ersten Schritt hast du ja in gewisser Weise schon getan. Du hast dieses Buch gekauft und bist motiviert. Ich wünsche dir nun an dieser Stelle viel Spaß und bedanke mich recht herzlich für den Kauf dieses Ratgebers. Und nun lass es uns angehen.

Schritt 1 – Zeitlich organisieren

Generell ist der Anfang nicht immer ganz einfach. Da aber nun die Motivation und der Wunsch da ist, sich um seine Finanzen zu kümmern, ist der erste Schritt ja schon getan.

Nun ist es an der Zeit kurz in sich zu gehen und eventuell einen Kalender in die Hand zu nehmen. Dieses Buch ist mit Schritten gefüllt, die ganz simpel alle nacheinander abgearbeitet werden sollen und auch können.

Ganz wichtig ist nun die Organisation. Zu welcher Tageszeit hast du immer Zeit? Hast du eventuell nur Zeit an einem bestimmten Tag in der Woche? Oder vielleicht jeden Dienstag und Donnerstag? Wichtig ist nun, dass du dir die Zeit nimmst und diese im Vorfeld planst.

Wir Menschen neigen dazu uns etwas vorzunehmen und es dann schleifen zu lassen oder gar ausfallen lassen. Anfangs sind wir mit Herzblut bei der Sache und mit der Zeit ebbt diese Begeisterung ab und verläuft im Prinzip im Sand.

Wenn ich mir als Beispiel vornehme zweimal die Woche ins Fitnessstudio zu gehen und meine Übungen zu machen ist das wenig spezifisch. Sage ich stattdessen, dass ich jeden Montag und Donnerstagabend um 18:30 Uhr im Auto sitze und ins Studio fahre klingt das ganz anders. Es klingt wie ein fester Termin.

Dieses Phänomen kennt wohl jeder. Zumindest in der einen oder anderen Form. Wir müssen uns also ein wenig selbst überlisten und uns feste Termine setzen. Dann laufen wir weniger Gefahr einfach mal zu beschäftigt zu sein. Das funktioniert in der Regel sehr gut.

Hast du nun deine Termine gefunden? Da du den ersten Schritt gerade machst (die Planung deiner Schritte), benötigst du insgesamt noch 11 weitere. Wie lange du für die einzelnen Schritte aus diesem Buch brauchst hängt ganz von dir ab. Jeder ist bei irgendwas schneller oder auch langsamer. Es kommt aber nicht auf die Schnelligkeit an sondern auf die Gründlichkeit. Man sagt nicht umsonst Qualität statt Quantität.

Wenn du deine Termine nun eingetragen hast in deinen Kalender, bist du bereit für den zweiten Schritt. Hier beginnt die Praxis.

Schritt 2 – Home-Office einrichten

Willkommen beim zweiten Schritt. Heute steht der Punkt der Struktur und der Organisation auf dem Plan. Es ist eigentlich eine logische Konsequenz. Wenn ich zuhause in meinem Aktenschrank gut organisiert und sortiert bin, finde ich alles schnell und ohne groß zu suchen. Das mindert auf drastische Weise den Stresspegel auf ein Minimum.

Stell dir eine Stadtbücherei vor, die nicht sortiert ist. Alle Bücher sind einfach irgendwo hingelegt worden. Sie wurden gelesen und einfach wieder irgendwo in eine Lücke geschoben. Das reinste Chaos würde ich dazu sagen.

Wenn ich nun diese Bücherei betrete und nach einem bestimmten Buch suche, was meinst du bekäme ich als Antwort. Wahrscheinlich würde die Antwort mit einem Schulterzucken ausgedrückt werden. Ich müsste mich also durch tausende Bücher suchen und wüsste überhaupt nicht wo ich anfangen sollte. Das gesuchte Buch würde ich in hundert Jahren nicht finden.

Nun stell dir die gleiche Bücherei vor. Diese ist vernünftig sortiert und geordnet. Kein Chaos. Beim Betreten frage ich nach meinem gesuchten Buch. Nach einem kurzen Moment bekomme ich als Antwort „Reihe 7, Regal 2, Ebene 5". Ich nehme das Buch, bestätige das Ausleihen und gehe wieder nach Hause.

Das Beispiel ist natürlich etwas überspitzt dargestellt aber ungefähr so sieht es bei dem einen oder anderen zuhause aus. Die meisten haben Ordner für ihre Dokumente. Ich habe schon öfter gesehen, dass dann diese Ordner einfach nur Ordner sind. Was meine ich damit? Ich meine, dass ein Ordner genommen wird und alles, und damit meine ich alles, nacheinander eingeheftet wird. Einfach nur immer oben drauf.

Ordnung ist da gleich null. Aus den Augen aus dem Sinn. Wir neigen alle dazu uns viele Sache einfach zu machen. Jedoch ist das nicht immer von Vorteil.

Vor einiger Zeit bekam ich Post vom Steuerberater. Er brauchte noch einige Dokumente von uns. Unter anderem den Vertrag vom Kindergarten, die letzte Beitragsrechnung der Rechtsschutzversicherung und die Rechnung vom Heizungsinstallateur. Ich möchte an dieser Stelle nicht überheblich klingen, aber was denkst du hat mich das an Zeit gekostet?

Es waren vielleicht 5 Minuten, für alle 3 Sachen. Und das hat geklappt, weil ich meine Dokumente sinnvoll geordnet habe. Ich möchte ehrlich gesagt gar nicht dran denken, was passiert wäre, wenn ich die „ein Ordner Sammelstrategie" verwendet hätte. Mein Tag wäre da sicherlich annähernd hinüber gewesen.

Wie sieht nun eine vernünftige Sortierung aus? Wenn du schon ein geeignetes Ablagesystem für deine Dokumente hast, umso besser. Dann kannst du beim nächsten Schritt weiterlesen.

Sinnvollerweise solltest du für verschiedene Kategorien Ordner haben. Diese sind Arbeit, Versicherungen, Auto, Rechnungen, Behörden, Steuern, Wohnen, Kommunikation, Banken/Kredite. Für eine Grundstruktur ist das mehr als ausreichend. Denk zurück an die „ein Ordner Strategie".

Wenn du noch Ordner hast, wo du nur den Rücken durchstreichst und neu draufschreiben möchtest, dann kauf lieber neue. In jedem ein Euro Laden finden sich Ordner und auch solche kleinen Register für einen extrem günstigen Preis. Diese Register sind hervorragend geeignet um die Ordner zu unterteilen. Nun fängst du an die Ordner erstmal zu beschriften.

Die ganze Arbeit kann ich dir dabei jetzt auch nicht abnehmen, aber ich würde die Einteilung ungefähr so vornehmen. Der Ordner **Arbeit** unterteilt sich in Abrechnungen, Arbeitsvertrag, Betriebsarzt, Gewerkschaft, Bildungsurlaub. Der Ordner **Kommunikation** beinhaltet Festnetz, Handy Mann/Frau/Kind(er), Briefverkehr. Im Ordner **Wohnen** sammelt sich alles rund ums Wohnen. Hierzu gehören Mietvertrag, Strom, Gas, Betriebskosten, Mietvertrag, Garage usw. Der **Behördenordner** würde aufgeteilt in Kindergeld, Arbeitsamt, Bafög, Elterngeld, Rentenversicherung etc.

Ich denke das Prinzip sollte klar sein. Du musst das sortierte jetzt nicht zwingend auch noch nach Datum sortieren. Wenn du einmal dabei bist kannst du das zwar auch machen aber musst du nicht zwingend. Es geht im Endeffekt nur darum jetzt einmal Zeit zu investieren und alles zu ordnen und dafür zukünftig keine Probleme mehr beim Suchen zu haben. Das geht dann ins Blut über. Zukünftig wirst du deine Ordner viel einfacher befüllen können und auch alles finden, was du suchst.

Dieser Schritt könnte unter Umständen bei dem einen oder anderen etwas dauern. Es kommt hier darauf an, ob du dich vorher organisiert hast oder nicht. Das meinte ich am Anfang mit „mal schneller, mal langsamer"

Nachdem du nun alles geschafft hast, hast du einen Meilenstein erreicht auf dem Weg zum Ziel. Kommen wir zum nächsten Schritt.

Schritt 3 – Kosten ermitteln

Da du nun einen guten Überblick über deine Dokumente hast befassen wir uns mit dem Herzstück dieses Buches, deinem Geld. Es gibt so gut wie niemanden, der von sich selbst behaupten würde, dass er nicht mit Geld umgehen kann. Wie sieht es bei dir aus? Ich würde dir dazu gerne eine Frage stellen.

Zu welchem Datum wird die KFZ Steuer abgebucht und was kostet deine Haftpflichtversicherung pro Jahr? Was kostet einmal im Jahr die Heizungswartung und wann ist diese immer? Wenn du innerhalb von 3 Minuten diese Fragen beantworten kannst, lies bitte beim nächsten Schritt weiter. 95% können das jedoch nicht auf Anhieb sagen. Das ist auch absolut nicht schlimm. Ich möchte dir in diesem Schritt zeigen, wie du das herausfindest.

Natürlich hat jeder ein gewisses Verständnis von Geld. Wo es hingeht, wann was abgezogen wird usw. Der holistische Überblick fehlt aber sehr oft. Bevor man sich auf den Weg zur finanziellen Freiheit macht, muss man natürlich wissen wo die Kohle hingeht. Und das so gut es geht.

Deine Fixkosten musst du einfach kennen und wissen. Es gibt einen sehr einfachen Weg diese herauszufinden. Sehr hilfreich ist natürlich, wenn du den letzten Schritt abgearbeitet hast. Nun brauchst du nämlich nichts mehr lange suchen.

Was verursacht bei dir alles Kosten? Nimm dir einen Stift und Zettel und fang an alles aufzuschreiben. Ich meine damit nicht den Wocheneinkauf, sondern vielmehr alles, was dein Konto betrifft. Versicherungen, Sparverträge, Kreditraten, Fitnessstudio, KFZ Steuer, Gewerkschaft usw. Alles, was von deinem Konto abgezogen wird schreibst du auf. Alles, was an Bargeld benötigt wird soll hier keinen Platz finden. Das gehört zum Haushaltsbudget und wird im nächsten Schritt behandelt.

Und, wie viele Sachen kommen bei dir zusammen? Es kann durchaus manchmal recht erdrückend wirken, wenn man sieht wie viele Verbindlichkeiten man so hat. Teilweise ist man sich dessen gar nicht so bewusst.

Sieh dir alles genau an und fang an zu rechnen. Was genau meine ich damit? Ganz einfach, brich alles auf den Monat um. Deine KFZ Steuer, die im Jahr 120€ kostet, kostet dich im Grunde gar nicht so viel. Sie kostet 10€ im Monat. Das machst du nun mit allen Kosten, die du hast. So siehst du auf einen Blick, was dich dein Leben so kostet.

Sehr viel einfacher ist ein Tabellenprogramm zu nutzen. Das Programm Excel sollte so ziemlich jedem ein Begriff sein. Hier wird einem das Rechnen an sich abgenommen und wenn man es möchte kann man hier alles noch sehr aufhübschen mit tollen prägnanten Farben usw. Die Übersicht in solchen Programmen ist meistens erheblich besser als man mit einem Stift und einem Zettel hinbekommen würde.

Wenn du nun alle Kosten ermittelt hast treffen wir uns beim nächsten Schritt, dem Haushaltsbuch, wieder.

Schritt 4 – Haushaltsbudget

Und konntest du dich etwas ausruhen nach dem letzten Schritt? Du hast definitiv schon etwas geschafft, was viele nicht mal ansatzweise machen. Du hast deinen Horizont erweitert und hast deine Finanzen geordnet. Keiner kann dir mehr etwas vormachen. Du bist auf dem Weg zur finanziellen Freiheit.

Nachdem du deine Kosten kennst und diese aufgeschrieben hast, geht es nun heute um dein Haushaltsbudget. Was ist das überhaupt? Hierzu gehört alles, was deine Lebenshaltung beinhaltet. Angefangen vom Einkauf über das Eis in der Stadt bis zu Klamotten. Dein Auto fährt nicht ohne Sprit und das Kino gibt es auch nicht umsonst.

Schreibe dir alles auf, wofür du Geld ausgibst. Belüge dich nicht selber, sondern schreib wirklich ehrlich alles auf. Viele von uns neigen dazu einfach ein paar Sachen nicht aufzuschreiben, weil man denkt es fällt nicht ins Gewicht. Das ist jedoch nicht richtig.

Du kannst dazu auch eine App nutzen und alles nach und nach eintragen. Hier wird sogar dein Konsum analysiert und Sparpotential aufgezeigt.

Bitte mach diesen Schritt sehr gewissenhaft. Du kannst dich mit der Zeit auch annähern. Es muss ja auch nicht in Stein gemeißelt sein, jedoch sollte in gewisser Betrag schon dabei herauskommen. Damit meine ich nicht zwischen 300€ und 450€ sondern eher 400€ glatt, als Beispiel.

Jeder hat hier andere Ausgaben. Es gibt hier kein richtig oder falsch, sondern einfach nur eine ehrliche Summe. Im Zweifel lieber etwas höher als niedriger. Wenn du verheiratet bist und ein Kind hast, wirst du ein ganz anderes Budget haben als ein Single.

Wenn du also dein Budget herausgefunden hast, bist du mit deinen Kosten soweit fertig. Ist das nicht ein tolles Gefühl? Du weißt wo so ziemlich jeder Euro hingeht, den du dir sauer verdient hast. Wie sieht es bei dir aus?

Sieh dir deine Einnahmen an. Bei vielen wird es nur das Gehalt des Arbeitgebers sein. Wenn du nun deine monatlichen Kontoausgaben und dein Haushaltsbudget zusammenrechnest und du monatlich mehr Geld verdienst, dann bist du auf dem goldenen Weg in die finanzielle Unabhängigkeit. Wenn deine Ausgaben höher sind als deine monatlichen Einnahmen, dann hast du ein Problem.

Schritt 5 – Versicherungen analysieren

Nachdem du nun alle Kosten haargenau kennst, kannst du es nun etwas beruhigter angehen lassen. Wir werden uns heute deine Versicherungen ansehen. Aus meiner eigenen Erfahrung kann ich mit hoher Sicherheit sagen, dass 95% aller Versicherungen maßlos überteuert sind.

Der Sinn von Versicherungen ist einfach sich „abzusichern". Warum also kostet ein und dieselbe Versicherung bei dem einen Anbieter 30 Euro und bei dem anderen 50 Euro monatlich?

Zunächst sehen wir uns an, welche Versicherungen du überhaupt hast. In erster Linie ist hier ein Richtig und Falsch gar nicht wichtig. Wichtig ist dir alles genau anzusehen und eine Bestandsaufnahme zu machen.

Wenn du einen Versicherungsberater hast, dann kontaktiere ihn und bitte um einen Termin. Sag ihm, dass du der Meinung bist deine Versicherungen sind zu teuer und du möchtest daran etwas ändern. Denke dran, dass deine jetzige Versicherung nicht die einzige ist.

Du kannst natürlich deine Versicherungen auch wechseln. Das macht gerade dann wirklich Sinn, wenn du für weniger Geld genau dieselben Leistungen bekommen kannst. Oder sogar noch bessere.

Wenn du schon etwas fortgeschritten bist, kannst du auch auf einschlägige Webseiten wie check24 oder anderer Vergleichsseiten schauen und dir dort die besten Angebote einholen. Der Markt der Versicherung gibt dir als Verbraucher definitiv **immer** die Möglichkeit deine Verträge zu verbessern.

Natürlich sind Versicherungen wichtig, gar keine Frage. Was wäre wohl, wenn wir Verkehrsunfälle immer aus eigener Tasche bezahlen müssten oder die kaputte Brille vom Kumpel oder ähnliches. Beispiele finden sich da sicherlich einige. Es wird häufig geschimpft wie teuer und sinnlos denn manche Versicherungen sind, dennoch haben viele ihre Berechtigung und erleichtern uns das Leben enorm.

Vor einiger Zeit hatte mein Auto ein kleines aber feines Ölproblem. Es lief aus. Ich habe das gar nicht wirklich gemerkt, jedenfalls nicht sofort. Als ich dann eine Ölspur gesehen habe und dann schließlich auch gesehen habe, dass sie zu meinem Auto führt wusste ich nicht direkt was ich machen sollte. Ich habe dann schließlich die Polizei angerufen und gefragt wie ich mich verhalten muss. Das Ende vom Lied war dann, dass die Feuerwehr gekommen ist und die Flecken sowie die Spur weggemacht hat. Mit was genau kann ich nicht sagen. Was glaubst du wer diesen Einsatz bezahlt hat? Nein, ich nicht. Meine Versicherung hat das bezahlt.

Hätte ich das nicht gemeldet und jemand hätte mich angeschwärzt oder es wäre einfach nur mal jemandem aufgefallen, hätte man die Spur zweifelsohne auf mich zurückführen können. Und dann hätte es sicherlich richtig Ärger gegeben und ich hätte alles selber zahlen können. Ich möchte gar nicht wissen, was so etwas kostet.

Versicherungen erleichtern uns das Leben sicherlich nicht wenig. An dem Beispiel von eben wird es deutlich. Wenn ich nun auf die Kosten der Versicherung zurückkomme, komme ich ins Grübeln. Vorweg kann gesagt werden, dass die KFZ Versicherung sowas immer abdeckt. Natürlich auch im Hinblick, dass man sowas ja nicht mit Absicht macht. Tatsache ist aber auch, dass mein Auto bei der einen Versicherung beispielsweise 60€ im Monat kostet und bei einer anderen nur 38€.

Das ist jetzt nur ein anschauliches Beispiel, aber genauso musst du deine Versicherungen zukünftig betrachten. Es spielt absolut keine Rolle wo du versichert bist oder wie toll dein Versicherungsvertreter angezogen ist oder wie gut du ihn unter Umständen sogar persönlich kennst. Wichtig ist nur, dass du für gute Leistungen nicht mehr bezahlen sollst wie du wirklich musst.

Schau dir deine Versicherungen an und stelle sie eventuell um, informiere dich bei deinem Vertreter, im Internet. Was kannst du ändern? Welche Leistungen kannst du rausnehmen? Brauchst du eine zusätzliche Glasversicherung, wenn du in einer Kellerwohnung wohnst? Welche Versicherungen kannst du kündigen, bei welchen kannst du den Anbieter wechseln?

Jemand, der sich vorher noch nie mit seinen Versicherungen beschäftigt hat, kann über den Daumen ganz grob 10€ und mehr pro Monat einsparen. Natürlich bei jeder einzelnen Versicherung. Dieses Geld bringt dich enorm weit nach vorne auf dem Weg in die Schuldenfreiheit und auch in die finanzielle Freiheit.

Schritt 6 – Kredite ansehen

Puh, der letzte Schritt war der nächste große Meilenstein auf deinem Weg. Langsam werden die Steine weniger und du befindest dich auf dem Übergang zum Asphalt. Im übertragenen Sinne natürlich nur. Ich meine damit, dass du bereits sehr viel geschafft hast und du mittlerweile zum Profi wirst, was deine Finanzen angeht.

Nun sehen wir uns deine Kredite an. Kredite sind immer weiter auf dem Vormarsch. Für fast alles kann ein Kredit aufgenommen werden. Ob Waschmaschine, Auto, Haus und Hof, Schmuck oder Handy. Alles kann problemlos finanziert werden. Und das dann auch noch zu 0%. Es wird allerdings immer sehr gerne ausgeblendet, dass man für den Kredit an sich keine Kosten bezahlt, aber dennoch das Geld ja abzahlt jeden Monat.

Damit meine ich ganz einfach, dass ich das neuste Samsung Smartphone nicht kaufen würde, weil ich dafür nicht die Menge Geld gerade habe. Wenn ich es finanziere dann habe ich es trotzdem gekauft. Zwar zu 0%, also ohne Kosten, aber gekauft wurde es trotzdem. Obwohl ich kein Geld habe, zahle ich nun (geschätzt) 40€ im Monat dafür. Merkst du wie doof das klingt? 0% Finanzierung hin oder her.

Wenn ich kein Geld habe, kann ich nichts kaufen (Punkt). Das solltest du wirklich verinnerlichen. Fast das Wichtigste bei diesem Schritt ist, dass du den Entschluss fast ab sofort keine neuen Schulden zu machen. Egal für was.

Da du ja deine Ordner so wunderschön sortiert hast, nimmst du nun den zur Hand wo deine Kredite abgeheftet sind. Dort siehst du dir alles genau an. Deine Aufgabe besteht nun deine Kredite zu optimieren, wenn es denn geht. Wenn das bei deiner jetzigen Bank nicht geht nimm eine andere. Auch hier gilt wie bei den Versicherungen. Es gibt nicht nur eine für die gleiche oder bessere Leistung.

Lass dir einen Termin bei einigen Banken in deiner näheren Umgebung geben und nimm deine Unterlagen dorthin mit. Erkläre ihnen die Situation, dass du dein Geldmanagement ändern willst und deine Kosten untersuchst und so weiter. Dein Ziel sollte sein deine Kredite umzuschulden und/oder mehrere Kredite zusammen zu fassen und einen daraus zu machen.

Da Banken gerne neue Kunden gewinnen, werden sie dir sicherlich einige gute Angebote machen. Du musst dich auch um nichts kümmern. Weder musst du dich um den alten Kredit kümmern, diesen kündigen oder sonst was. Alles macht die neue Bank für dich. Sie stellt alles ein und wickelt mit der alten Bank alles ab. Der Kunde ist König, und das bist du.

Schritt 7 – Finanzkalender

Der Sinn liegt ganz klar auf der Hand. Aus den Augen, aus dem Sinn. In der heutigen Zeit ist es relativ einfach seine Termine zu managen. Dabei muss nicht zwingend der Wandkalender genutzt werden. Bitte versteh mich nicht falsch, natürlich kannst du auch einen Wandkalender nutzen. Die Möglichkeiten sind jedoch nahezu unbegrenzt.

Diverse Apps bieten dir gleichermaßen eine gute Struktur aber auch das nötige Know How um dich gut zu organisieren. Ich persönlich arbeite mit dem Android Kalender. Hier habe ich nach und nach alles eingetragen und eine Notiz dazu erstellt.

Zu jedem Vertrag, jeder Versicherung solltest du dir die Ablaufdaten eintragen sowie eventuelle Kündigungsfristen. Das ist eine einmalige Sache und wird wahrscheinlich etwas Zeit in Anspruch nehmen. Ein alter Spruch meines Geschichtslehrers war früher: Rom wurde auch nicht an einem Tag erbaut. Nimm dir die Zeit und mache es vernünftig. Das erspart dir in Zukunft massig Zeit.

Anhand eines Beispiels erkläre ich es dir:

Deine Rechtsschutzversicherung möchtest du eintragen. Du suchst dir alles dazu raus und legst einen neuen Termin an. Angenommen der Vertrag endet in 3 Jahren am 31.07. Du musst also selbstständig daran denken, diesen Termin nicht zu verpassen. Genau das kannst du nun umgehen. Ich stelle nun 3 Termine ein. 6 Monate vorher, 5 Monate vorher und 4 Monate vorher.

Nun beschreibe ich den Termin. Alle markanten Informationen schreibe ich hier rein. Angefangen mit der Vertragsnummer, der

Laufzeit bis zur Beitragshöhe. Du kannst auch ein Foto machen und es im Termin einfügen.

Jeder ist natürlich sein eigener Herr. Du musst auch nicht den Android Kalender nehmen. Outlook bietet auch einen hervorragenden Organizer. Und unzählige Apps existieren dafür. Finde den für dich richtigen.

Der Sinn ist ganz einfach, dass du nie wieder Kündigungstermine versäumst. Durch das recht große Zeitfenster kannst du dich dann ganz in Ruhe darum kümmern den Vertrag auf den Prüfstand zu stellen. Eventuell haben sich deine Präferenzen geändert oder du willst dir einen günstigeren Anbieter suchen. Was auch immer. Die Zeit dafür hast du hiermit.

Schritt 8 – Rücklagen

Dieser Schritt ist nicht ganz unwichtig. Viele von uns lassen das Thema Rücklagen etwas außen vor und belächeln es. Mit ein wenig logischem Überlegen und einem Stift bewaffnet kann man das Thema aber angehen ohne sich zu überschlagen. Denn, so schwer und umfangreich ist es nicht.

Wozu denn eigentlich immer diese Rücklagen? Es geht hier in erster Linie um planbare langfristige Kosten. Was ist das jetzt nun wieder? Ganz einfach: Fährst du ab und zu in den Urlaub? Kaufst du dir alle 4 oder 6 Jahre ein anderes Auto? Ich gehe einfach stark davon aus. Genau das sind nämlich Rücklagen. Du legst jeden Monat etwas zurück um dir dann in einer gewissen Zeit davon etwas zu kaufen.

Es gibt 3 Töpfe, die die Rücklagen eigentlich ganz gut abdecken. Zum einen Ist das der alljährliche Urlaub, dann das Auto und der Haushalt an sich. Nimm dir deinen schicken Stift, einen Block und stell dich in die hinterste Ecke deiner Wohnung. Nun gehst du Zimmer für Zimmer durch und schreibst alle Geräte auf, die nach einer Zeit irgendwann mal den Geist aufgeben. Ich rede hier nicht von einem Bügeleisen oder einem Fön. Vielmehr meine ich größere Sachen, die in der Neuanschaffung relativ teuer sind und wofür man sich das Geld nicht mal eben aus dem Ärmel schüttelt.

Beispiele dafür können sein z.B. der Kühlschrank, Fernseher, Waschmaschine, Trockner etc. Natürlich muss das nicht zwingend mit deinen Geräten übereinstimmen. Es ist einfach nur ein Beispiel. Manch einer besitzt z.B. einen Aufsitzrasenmäher, welcher mal eben 2000€ oder mehr kostet. Ich habe so etwas nicht. Deswegen sieht meine Rücklagenplanung wohl auch anders aus als beim Rasenmäher Besitzer. Ich denke, du verstehst worauf ich hinauswill.

Denke darüber nach, wie oft diese Sachen in der Vergangenheit bereits das zeitliche gesegnet haben und du sie schon ersetzen musstest. Damit weißt du auch schon die ungefähre Haltbarkeit der Gegenstände.

Sagen wir einfach als Beispiel hast du 6 Haushaltsgeräte, die alle ungefähr einen 450€ Neupreis haben. Alle 5 Jahre kommt eins nach dem anderen und muss ersetzt werden. Du teilst nun die 450€ durch die 60 Monate Haltbarkeit und kommst auf 7,50€ pro Gerät. Für alle sind es somit 45€. Das wäre deine Rücklage.

Die Rücklagen für den Urlaub lassen sich recht einfach bestimmen. Bei den meisten ist das recht übersichtlich, was die Häufigkeit des Urlaubs angeht. Sieh dir die letzten Jahre an und rechne zusammen. Ist das alles? Ja, ist es. Du musst dir nur die letzten Urlaube ansehen und kannst somit einen Durchschnitt bestimmen.

Sagen wir einfach du machst insgesamt für 1800€ pro Jahr Urlaub. Hier ist alles berücksichtigt. Kleine Wochenendausflüge und auch der große Urlaub. Du sparst es monatlich an, was dann 150€ bedeutet. Das wäre deine Rücklage.

Beim Auto ist es im Grunde, wie im Haushalt auch. Alle Jahre wieder muss das Auto getauscht werden. Das trifft nun wirklich jeden, denn es gibt kein Auto, welches ewig hält. Nehmen wir mal an du kaufst alle 4 Jahre für 8000€ ein anderes Auto. Dein jetziges Auto kannst du vielleicht noch für 2000€ privat verkaufen. Also brauchst du 6000€. Diese Summe teilst du nun durch die 48 Monate, die du Zeit hast. Du legst dir also 125€ monatlich zur Seite und bist damit abgesichert.

Wie du sicherlich gemerkt hast ist das Thema Rücklagen gar nicht so tragisch. Es ist aber dennoch ein Thema, was wichtig ist bei der Finanzplanung und was du unbedingt berücksichtigen solltest. Jeder möchte mal in den Urlaub und auch jeder muss mal etwas im Haushalt austauschen.

Mit diesen Tipps solltest du aber keine Probleme haben deine Rücklagen zu bestimmen. Für diesen Schritt hast du nun genug getan und kannst deinen Feierabend genießen.

Schritt 9 – Notfallgroschen

Nun gehen wir das Thema Notfallgroschen an. Es gibt hier mehrere gängige Bezeichnungen. Von Notfallgroschen über Notgroschen bis zu Absicherungsgeld. Im Kern ist es immer das Gleiche. Doch was genau ist der Notfallgroschen?

Stell dir vor, du arbeitest voller Elan in einer renommierten Firma. Irgendwann kommt die Nachricht, dass dein Unternehmen verkauft wurde an einen Konkurrenten. 40% aller Mitarbeiter werden entlassen und du bist einer der Pechvögel. Deine Alarmglocken kommen wahrscheinlich gerade etwas in Fahrt.

Es ist nun mal in der heutigen Zeit so, dass selbst vermeintlich sichere Jobs nicht zu 100% sicher sind. Es kann immer etwas passieren. Zu Zeiten unserer Großeltern war es Gang und Gäbe nach der Ausbildung im Idealfall die nächsten 45 Jahre bis zur Rente im selben Unternehmen zu verbringen. Heute ist das nicht mehr der Fall.

Kommen wir auf das Beispiel von eben zurück. Du hast also deine Kündigung erhalten und stehst wie Pik 7 auf der Straße. Was machst du nun? Die Antwort ist natürlich, wie so oft: Kommt drauf an.

Es kommt drauf an, was du in der Hinterhand hast. Was wäre, wenn du Geld im Rücken hast, welches du zur Überbrückung nutzen kannst. Es macht nämlich einen himmelweiten Unterschied, ob du nun mit nichts dastehst oder deine Gedanken und dein Leben erstmal ordnen kannst und dich auf Arbeitssuche begeben kannst.

Wenn du nichts auf der hohen Kante hast, wirst du schnell beginnen und so gut wie jeden Job erstmal anzunehmen, nur um Einnahmen zu haben. Das wird vermutlich nicht deinen Vorstellungen entsprechen aber du wirst dir denken: Besser als nichts.

Hast du aber etwas gespart, kannst du erstmal entspannt durchatmen. Du kannst dich in Ruhe auf die Suche nach neuer Arbeit begeben ohne die finanzielle Angst im Rücken etwas nicht bezahlen zu können. Das macht ungemein frei. Vor allem natürlich psychisch. Denn mal im Ernst: Jemand, der seinen Job verliert wird vermutlich erstmal ganz tief in ein Loch fallen. Und das dürfte wohl annähernd jedem so gehen. Wenn es dann auch noch aus dem nichts passieren würde, vermutlich noch mehr.

Es geht aber auch andersrum. Habe ich einen Job, der mich einfach nur ankotzt und mich richtig nervt, dann kann ich mich auch auf die Suche nach einem anderen Job machen, welcher meinem Mindset entspricht und mich entsprechend glücklich macht. Ich nenne den Notfallgroschen auch gerne „fuckyou money". Denn, wenn du dieses fym hast, musst du nicht alles machen, was du vielleicht gar nicht willst. Denke immer daran: Es ist nicht der Montag, der dich ankotzt. Es ist dein Job!

Wie wird der Notfallgroschen gebildet?

Man kann es auf verschiedene Arten bestimmen. Über die Ausgaben, über die Einnahmen oder einen bestimmten Wohlfühlbetrag. Die Höhe dieser Beträge fällt **definitiv** bei jedem anders aus. Möchtest du das eine Jahr Arbeitslosengeld aufstocken, dann rechnest du die Differenz zu deinem jetzigen Gehalt in Bezug auf das ALG aus und multiplizierst sie mit 12. Dann hast du 12 Monate nach dem Ausstieg aus dem Job, die gleiche Höhe an Geld monatlich.

Natürlich kannst du auch gleich deine Einnahmen als Maßstab nehmen. Als Faustregel gelten immer so um die 3-6

Monatsgehälter. Bei 1500€ monatlich hast du also einen Notfallgroschen zwischen 4500€ und 9000€.

Nimmst du deine Ausgaben als Maßstab multiplizierst du deine monatlichen Ausgaben einfach mit den Monaten, die du abgedeckt haben möchtest. Brauchst du definitiv 1200€ im Monat und willst ein halbes Jahr überbrücken können ohne dir einen Kopf zu machen: 7200€ Notfallgroschen.

Möglichkeiten gibt es viele. Jeder muss das aber für sich selbst entscheiden, wo sein Wohlfühlbetrag ist. Es geht in erster Linie darum einen kühlen Kopf bewahren zu können in einer Krisensituation. Geh einfach mal in dich selbst, setz dich 20 Minuten hin und überleg dir, was dir wirklich wichtig ist. Worauf könntest du im Ernstfall verzichten? Worauf auf gar keinen Fall? Mit welchem Betrag in der Hinterhand würdest du dich abgesichert fühlen? Bei welcher Summe würdest du im Falle eines Jobverlustes erstmal keinen Stress haben?

Stell dir diese Fragen und definiere eine Summe. Dieses Geld musst du vor dem Vermögensaufbau unbedingt ansparen. Es macht keinen Sinn, Geld in deine Kreditabzahlung umzuschichten und im nächsten Moment dann wieder einen Kredit aufnehmen zu müssen, weil etwas Unvorhergesehenes passiert. Der Punkt Sicherheit muss also definitiv geklärt sein.

Schritt 10 – Schulden zurückzahlen

Um den Weg in die Freiheit ohne große Umwege gehen zu können, musst du dich um die Abzahlung kümmern. Der einfachste Weg ist die Lawinentaktik. Hierfür benötigst du die Restsummen deiner Kredite. Diese entnimmst du dem Tilgungsplan oder den Jahreskontoauszügen deiner Bank.

Du schreibst die Restsummen nun untereinander auf. Daneben schreibst du die Höhe der Rate. Nun rechnest du für jeden Kredit die Restdauer aus. Dazu teilst du die Restsumme durch die Ratenhöhe. Nun siehst du wie lange du für die einzelnen Kredite noch benötigst. Zinsen deiner Kredite sind an dieser Stelle egal. Es geht hier nur um Zeitersparnis und Motivation.

Nun nimmst du dir den Kredit vor mit der kürzesten Laufzeit. Diesen wirst du nun erhöhen. Doch wieviel sollst du den erhöhen? Natürlich musst du das wissen. Vielleicht genau um die Höhe der eingesparten Versicherungsbeträge aus dem vorletzten Schritt? Oder einfach 100€, oder 20€. Es ist egal, wichtig ist, dass du es machst.

Wenn dieser Kredit dann abgezahlt ist, nimmst du genau diese Summe und steckst sie in den zweitlängsten Kredit. Dieses Prozedere machst du solange bis du letztlich schuldenfrei bist.

Zur Veranschaulichung:

Kredit 1 – Restsumme 1350€ - Rate 38€ -> Rest 36 Monate

Kredit 2 – Restsumme 6026€ - Rate 97€ -> Rest 62 Monate

Kredit 3 – Restsumme 620€ - Rate 23€ -> Rest 27 Monate

Erhöht wird Kredit 3, da hier die kürzeste Restdauer vorliegt. Ich persönlich würde mir die Summen der Raten zusammenrechnen, in diesem Fall 158€, und dann 15% ausrechnen. Das sind hier 24€. Um genau diese Summe erhöhe ich Kredit 3. Also zahle ich diesen zukünftig mit 47€ ab. Das hat zur Folge, dass dieser doppelt so schnell fertig ist, wie geplant.

Die 47€ wandern dann nach Abzahlung in Kredit 1. Dieser ist auch signifikant schneller getilgt als geplant. Wenn dieser fertig ist geht das gesamte Geld in den zweiten Kredit. Hier ist die Lawine bereits extrem ins Rollen gekommen. Die Rate beträgt nun 182€. Nach ein paar Monaten ist dann auch der letzte Kredit getilgt.

Ich denke, du hast das Prinzip sicherlich verstanden. Mit einer simplen Anpassung deiner Rate bringst du die Lawine ins Rollen. Mit der Zeit wird diese immer größer und deine Schulden werden immer kleiner.

Schritt 11 – Sparrate / Schuldenabbau

Die Sparrate ist der Betrag, der dich schuldenfrei und reich macht. Anders gesagt ist das dein monatliches sparen an sich. Das Geld wird ausschließlich für Investitionen in deine Schulden verwendet. Wenn du die Schulden abgebaut hast, führst du dieses System natürlich exakt so weiter. Der einzige Unterschied wäre dabei, dass du keine Schulden mehr hast und nun zum Vermögensaufbau übergehst.

Du kannst, wenn du das möchtest, auch zweigleisig fahren. Hier bietet sich das Verhältnis Hälfte Hälfte an. Das bedeutet einfach nur, dass du 50% deiner Sparrate wie in Schritt 10 in deinen Schuldenabbau fließen lässt und die anderen 50% langfristig rentierlich investierst. Wichtig ist, dass du dir vor Augen führst, dass du dieses Geld _nie_ wieder anfassen wirst.

Ok zugegeben, dass war jetzt etwas hart ausgedrückt. Der Sinn der Sparrate ist ja, Geld anzuhäufen und unser Vermögen stetig wachsen zu lassen. Das kann natürlich nur funktionieren, wenn wir das achte Weltwunder für uns nutzen. Ich rede hier vom Zinseszins. Dein angelegtes Geld wird verzinst und bei der nächsten Verzinsung wird das verzinste Geld wieder mitverzinst. Das geht immer so weiter. Deswegen spricht man beim Zinseszins gerne vom achten Weltwunder.

Es gibt zur Veranschaulichung immer den berühmten Jesuscent. Hier wurde zur Geburt Jesus ein Cent angelegt und immer wieder verzinst. In unserer heutigen Zeit wäre dieser Cent mittlerweile zu einer unendlichen Summe angewachsen. Dieses Beispiel lässt ganz gut erkennen, was für eine Macht der Zinseszins hat. Auf die heutige Zeit lässt es sich aber nur bedingt übertragen. 2000 Jahre hat nun mal keiner Zeit um ein Vermögen zu bilden.

Um finanziell frei zu werden musst du deine Sparrate investieren. Der Aktienmarkt bietet sich hier geradezu an. Nirgends wirst du eine solche Rendite finden. Und bevor du vielleicht aufschreist und sagst, dass Aktien ja ganz böse sind und überhaupt Börse und ganz schlimm alles. Nein. Die Börse ist nicht schlimm.

Du kannst in Fonds investieren um das Risiko deutlich zu minimieren. ETF´s sind momentan das einfachste Anlagevehikel unserer Zeit. Hier investierst du dein Geld in einen Index und nicht in einzelne Aktien. Hier wird dein Risiko quasi gestreut. Jede Aktie ist in einem Index vertreten und diesen kaufst du und partizipierst daran. Soll bedeuten: Steigt der Index, steigt deine Investition. Fällt der Index, geht es nach unten.

Der Dax Index zum Beispiel umfasst die 30 größten Unternehmen in Deutschland. Investiere ich in diesen Index, investiere ich in alle 30 Unternehmen gleichzeitig. Und das macht es einfach. Einen Sparplan kannst du bei so ziemlich jeder Bank einrichten.

Wie groß sollte die Sparrate denn nun sein?

Für den Anfang sollten 10% deines Geldes dafür reserviert werden. Ein Zehntel vom Gehalt oder von deinen Einnahmen tun dir nicht so weh und sollten machbar sein. Du möchtest ja frei werden. Diese solltest du direkt am ersten des Monats investieren. Wenn du Mitte des Monats Geld bekommst, dann natürlich da. Direkt nach Gehaltseingang muss das Geld per Dauerauftrag gespart werden. Aus den Augen aus dem Sinn.

Wenn du das genauso machst bist du weiter als 90% aller in Deutschland lebender Menschen. Viele wollen nämlich erst am Ende des Monats sparen, falls noch was über ist. Aber genau das ist es meistens nicht. Und genau das ist der Knackpunkt. Die Sparrate musst du im Laufe der Zeit auch anpassen. Du verdienst ja in 20 Jahren nicht mehr das, was du momentan nach Hause bringst.

Sagen wir du verdienst 2000 Euro netto im Monat. Deine Sparrate von 200 Euro buchst du am Anfang des Monats auf ein separates Konto oder richtest einen Sparplan ein. Bei jeder Gehaltserhöhung, erhöhst du auch deine Sparrate um die Hälfte. Du bist ja vorher auch klar gekommen mit dem Geld. Nun hast du mehr Geld und sparst auch mehr bzw. trägst deine Schulden ab. Zwei Fliegen mit einer Klappe, wenn man es so will.

Bleiben wir bei dem 2000 Euro Beispiel. Alle 2 Jahre gibt es eine Tariferhöhung in deiner Firma (das weiß ich natürlich nicht, trotzdem wäre es denkbar). Nach 2 Jahren gibt es 3% und du würdest also 2060€ verdienen. Nun erhöhst du deine Sparrate. Diese ist nun 200€ (die anfänglichen 10%) + 30€ durch die Gehaltserhöhung, was dann 230€ ergibt. Deine Sparrate ist um 30€ gestiegen und dein Gehalt auch, welches nun 2030€ ergibt. Nach 2 Jahren gibt es 3,9% mehr. Gerundet sind das ungefähr 80€. Hier dann wieder die Anpassung. 40€ Sparrate (jetzt 270€) und 40€ Gehalt (jetzt 2070€).

Ich denke weitere Rechenbeispiele kann ich mir sparen an dieser Stelle. Das Prinzip sollte klar sein. Es ist simpel und einfach aber dennoch hoch effektiv. Du erhöhst deinen Lebensstandard und sparst trotzdem immer mehr. Denk bei dem Rechenbeispiel einfach mal 20 Jahre weiter. Ohne Stress sehr effektiv Schulden abbauen und Vermögen aufbauen. Das ist die Kunst.

Bei der Strategie deiner Sparrate musst du keine wilden Berechnungen vornehmen oder sonst irgendwas. Wenn du eine Lohnerhöhung bekommst, änderst du die Sparrate und korrigierst sie nach oben, fertig. Einfacher geht es ja wohl kaum.

Schritt 12 – Zusatzverdienst

Du hast eine Sparrate eingeführt und erhöhst diese nun stets und stetig. Der absolut einfachste Weg ist es, dir einen Zusatzverdienst zu schaffen. Möglichkeiten gibt es definitiv genug. Du musst nur danach suchen. Jeder kann mal einen Abend Pizza ausfahren oder auch bei einer Inventur helfen. Das alles bringt dir Geld, und wenn nur ein wenig. Es ist egal. Ein wenig ist mehr als nichts.

Geh in dich und fang an zu überlegen. Wozu hast du Lust? Was kannst du gut? Was bietet sich an z.B. in der Nachbarschaft, am Kiosk die Straße runter. Vielleicht kannst du gut übersetzen oder du kannst perfekt mit Grafikprogrammen umgehen und bastelst Buchcover. Möglichkeiten, um sich einen Zusatzverdienst zu schaffen sind im Grunde unbegrenzt.

Das Problem, was viele von uns einfach haben ist, dass wir immer weniger Menschen Lust haben aktiv zu werden. Wir möchten, dass uns alles zufliegt und wundern uns warum es nicht klappt mit der finanziellen Freiheit. Fakt ist aber, du musst aktiv werden und richtig Gas geben. Motiviere dich richtig und fang an. Jeder Euro, den du investierst arbeitet für dich. Du versklavst ihn schlicht und einfach. Dieser eine Euro bringt dich näher ans Ziel.

Meine persönliche Anlagestrategie

Zum Ende dieses Ratgebers möchte ich dir auch einen Einblick in meine Strategie geben und dir zeigen wie ich Vermögen aufbaue. Als Papa von 2 Kindern und einer selbstgenutzten Immobilie ist das nämlich gar nicht so einfach...

Auf meiner Immobilie sind noch einige Schulden. Diese haben für mich Vorrang vor dem investieren in Vermögenswerte Ich trage sie genauso ab, wie ich es dir in den vorherigen Kapiteln beschrieben habe. Meine Sparrate geht zu 55% in meine Schulden und zu 45% in ein bestehendes Dividendendepot.

Hier habe ich mir im Vorfeld Gedanken gemacht, wie ich dieses sinnvoll diversifizieren kann. Der erste Gedanke kam unter der Dusche. Mit was wasche ich gerade meine Haare? *Head & Shoulders*. Der Mutterkonzern ist Procter & Gamble und dieser zählt zu den Dividendenkönigen in der Aktienwelt.

Dieses Beispiel habe ich auf meinen gesamten Haushalt übertragen. Angefangen bei Müsli über Brot, Butter, Schokoriegel bis hin zu Fast-Food-Ketten. Im Prinzip investiere ich in die Produkte, die ich täglich nutze. Der Vorteil liegt auf der Hand. Ich kenne sie alle. Ich weiß, was ich damit machen kann, wozu sie gut sind. Es entbrennt immer wieder eine Grundsatzdiskussion über den Sinn und Unsinn von Aktien.

Aktien und der dahinterstehende Kapitalmarkt sind nun mal unser Freund und jeder, der nachhaltig und sicher Vermögen aufbauen will kommt da nicht vorbei. Meine Kinder fragen ab und an nach dem nächsten McDonalds Gang, weil sie sich mal wieder ein Happy

Meal einwerfen wollen. Nun antworte ich, dass McDonalds pleite ist und wir nie wieder einen Burger dort essen werden. Alles ist zu.

Merkst du was? Es ist unvorstellbar, dass so etwas passiert. Genau diese Logik mache ich mir beim Vermögensaufbau zu Nutze. Ich investiere mein Geld ausschließlich in Marktriesen. In riesige Unternehmen, wo ein Totalausfall nahezu ausgeschlossen ist. Im Fachjargon heißt so etwas auch „to big to fail"

McDonalds ist hier ein markantes Beispiel aber dürfte den Nagel auf den Kopf treffen. Und dann eine Welt ohne Coca Cola? Keine Chance. Es gibt hier sicherlich noch mehr Beispiele. Tolle große Firmen sind unter anderem auch Nestle oder Exxon. Da ich nachhaltig Vermögen aufbauen möchte, halte ich nur Aktien, die solide Dividendenzahler sind. Diese Unternehmen nennt man auch Aristokraten. Hier wird die Dividende von Jahr zu Jahr erhöht, was für mich als Anleger natürlich ein Traum ist.

Eine sehr gute Übersicht dieser Unternehmen bietet mir seit Jahren (!) die Seite von mydividends. Die Übersicht ist einfach nahezu perfekt. Diese nutze ich tatsächlich fast seit Beginn meiner Börsenkarriere. Da die Thematik ganze Bücher füllt und ich nicht alle Hintergrundinformationen beschreiben möchte, kann ich dir den Rat geben dazu einen Bestseller zu lesen. Das Buch „Cool bleiben und Dividenden kassieren: Mit Aktien raus aus der Nullzins-Falle" von Christian W. Röhl und Werner H. Heussinger ist ein wahres Meisterwerk. Es hat mir quasi die Augen geöffnet und alle meine Fragen beantwortet. Das kann ich dir nur ans Herz legen, wenn du dich intensiver damit beschäftigen möchtest.

Verwirkliche dich selbst und werde emotional und auch finanziell frei. Lass dein Geld für dich arbeiten und brich aus dem Hamsterrad aus. Ich wünsche dir alles erdenklich Gute für deinen Weg.

Wenn du magst, sieh dir doch auch weitere Werke von mir an. Den Ratgeber „**Schuldenfrei**" z.B. kannst du auch bei Amazon finden.

Zu guter Letzt möchte ich dich bitten, dir nach dem Lesen dieses Ratgebers einen kleinen Moment Zeit zu nehmen und eine Rezension bei Amazon zu schreiben. Das müssen nicht viele Worte sein, nur vielleicht eine kurze Einschätzung der Qualität und des Inhaltes. Ich freue mich über jede Art der konstruktiven Kritik und werde diese dazu nutzen mich weiter zu entwickeln. Doch ich bitte dich, sei ehrlich.

Haftungsausschluss

Die Inhalte dieses Buches wurden mit größter Sorgfalt erstellt. Für die Richtigkeit, Vollständigkeit und Aktualität der Inhalte kann der Autor jedoch keine Gewähr übernehmen. Jede Aussage dieses Buches ist aus eigener Erfahrung und/oder aus bestem Wissen getroffen worden. Das Buch beinhaltet allgemeine Strategien und kann nicht als Anleitung verstanden werden. Ob und wie eventuelle Ratschläge in die Tat umgesetzt werden, liegt einzig und allein am Leser dieses Buches. Aus diesem Grund übernimmt der Autor keinerlei Haftung für etwaige Schäden.

Dieses Buch enthält Links zu externen Webseiten Dritter, auf deren Inhalte der Autor keinen Einfluss hat. Aus diesem Grund kann für diese fremden Inhalte ebenfalls keine Verantwortung übernommen werden. Für diese Inhalte ist der jeweilige Betreiber selbst verantwortlich.

Die mit „*" gekennzeichneten Links sind sogenannte Affiliate Links. Der Autor bekommt bei einem Kauf des Produktes eine kleine Provision. Diese Provisionen beeinflussen in keinem Fall den Preis des Produktes. Boris Ponitka, der Autor dieses Buches, ist Teilnehmer des Partnerprogramms von Amazon EU, das zur Bereitstellung eines Mediums für Websites konzipiert wurde, mittels dessen durch die Platzierung von Werbeanzeigen und Links zu Amazon.de Werbekostenerstattung verdient werden kann.

Zum Zeitpunkt der Verlinkung wurden die Seiten auf eventuelle Rechtsverstöße ausgiebig geprüft und keine gefunden. Eine dauerhafte, permanente inhaltliche Kontrolle der verlinkten Seiten

ist ohne Anhaltspunkt für eine eventuelle Rechtsverletzung nahezu nicht möglich und auch nicht zumutbar.
Bei Bekanntwerden von Verletzungen bezüglich Gesetzen etc. werden derartige Links natürlich umgehend entfernt.

Impressum

© Autor Boris Ponitka 2017
1. Auflage
Alle Rechte vorbehalten.
Nachdruck, auch auszugsweise, verboten.
Kein Teil dieses Werkes darf ohne schriftlich Genehmigung des Autors in irgendeiner Form reproduziert, vervielfältigt oder verbreitet werden.
Kontakt: Boris Ponitka / Bachbreite 12 / 37124 Rosdorf
Covergestaltung: Boris Ponitka
Coverfoto: http://www.fiverr.com

www.ingramcontent.com/pod-product-compliance
Lightning Source LLC
Chambersburg PA
CBHW030520220526
45464CB00006B/2875